Lim Bo

시인 임 보

가시연꽃

임보 시집

가시연꽃

시학
Poetics

■ 시인의 말

수년 전부터 '사단시四短詩'라는 이름으로 네 마디 짧은 시를 시험해 보고 있다. 사단시의 첫 번째 시집이 『운주천불』(2000, 우이동사람들)이다. 이 『가시연꽃』은 『운주천불』 이후에 쓴 작품들을 묶은 것이다.

시라는 글은 짧을수록 이상적이라는 생각에는 변함이 없다. 그런데 줄여 쓰다 보니 미진하다는 생각이 없지 않아 이번에도 매 작품의 말미에 사족을 달았다. 읽지 않고 넘어가도 상관없지만 작품의 한 부분이라고 생각하고 읽어도 무방할 것 같다.

아무쪼록 이 작은 시편들이 읽는 이에게 기쁨의 인연이 되기를 바라 마지않는다.

2008년 8월

운수재에서 임보

차 례

제2부 빈자리

제3부 능소화

제4부 기행시편

선운사禪雲寺 시편

유럽 시편

인니印泥 시편

제5부 늦은위로

제1부
짝사랑

가시연꽃

탱자나무 울타리 속
과수원집

내 어렸을 적
앉은뱅이 가시내처럼

풀리지 않는
세상의 아픈 비밀

연못 위에 떠 있는
푸른 가시방석

* 가시연꽃은 둥근 잎을 물 위에 띄우고 물속에 숨어 산다. 가끔 자신의 잎을 뚫고 솟아오른 가시투성이의 꽃대 끝에 등대의 불빛 같은 작은 보라색 꽃을 무슨 비밀인 듯 수줍게 내보인다.

짝사랑

내 전생에 너를
얼마나 울렸기에

한평생 날 붙들고
잠 못 들게 하는가

사랑은
행복이 아니라 형벌일레

보이지 않는 끈으로
영혼을 묶는 —

* 한평생을 두고 못 잊는 사랑을 간직한다는 것은 행복이 아니라 형벌이다. 그러나 베아트리체의 포로가 된 단테는 『신곡神曲』을 만들어 내지 않았던가.

어부漁父

바우는
배를 몰고 바다로 나가

낚시로 두 마리만 잡으면
종일 낮잠이다

한 마리는
제놈의 것이고

다른 하나는
여편네 몫이다.

* 모든 재앙의 근원은 욕심에 있다. 끼니를 때울 음식만 있으면 족하거늘 사람들은 쓸데없는 욕심을 부려 제 마음과 세상을 어지럽게 만든다. 자족自足을 모르는 자는 늘 불행의 늪에서 허덕일 뿐이다.

전철電鐵에서

오래 서서 감은
다리를 튼튼히 길들임이요

빈자리를 남에게 허락함은
그대 마음의 평화로다

자리에 연연한 자는

늘 괴로울진저!

* 세상만사는 마음먹기에 달려 있다.

우리가 몸을 튼튼히 하기 위해서 얼마나 고된 운동들을 하는가? 혹 그대의 육신이 괴로운 때를 당하거든 '운동'이라고 생각하면 크게 못 견딜 것도 없으리라.

차의 자리나 세상의 자리나 크게 다를 것이 없다.

상 도적

세상에서 가장 큰 도적은 어떤 놈인가?

백주에 은행을 턴 날강도인가?

하루아침에 나라를 삼킨 혁명도당인가?

아니,
온 세상 뒤엎으려는 저 해탈승일세.

* 강도는 겨우 금고 속의 금은보화나 훔치는 족속이지만, 혁명도당은 한 나라를 집어삼키니 도적치고는 상 도적이라 이를 만하다. 그러나 진짜로 큰 도적놈은 온 세상을 통째로 집어삼키는 자다. 해탈解脫은 벗어남이 아니라 먹어 치움이다.

화투花鬪

인생의 길, 또한
많고도 험하구나

내가 30년 전에
동東*을 먹었더라면

내가 20년 전에
남南*을 쳤더라면

내 머문 이 자리는
광光일까 피皮일까

* 인생 또한 한 판의 화투판과 크게 다를 바가 없다.
늘 무엇을 선택해야 하는 기로에 서서 우리의 인생을 엮어 가고 있다.
동東은 화투 '동桐' 의 의음이고,
남南은 화투 '난蘭' 의 유사음이다

원시遠視

젊은 눈은 밝지만
멀리 보지 못하고

늙은 눈은 어둡지만
먼 곳을 본다

* 늙은이여, 그대의 몰골이 아름답지는 않지만
때로는 멀리 볼 수 있는 혜안이 종요롭기도 하다.

상습 지각생

30 때는 20 생각
50 때는 30 생각

환갑에 들어서도
내 동갑 못 따르네.

* 나는 늘 내 동갑쟁이들의 생각을 따라가지 못한다.
그러니 세상살이에 매양 뒤처질 수밖에 없다.

재미있는 세상

병이 없으면 의사는 망하고

죄가 없으면 검사도 끝이다

화재 때문에 소방서는 살고

해커들 덕분에 백신이 팔린다

* 악惡이 나쁘다고?

세상이 무너지지 않고 이렇게 잘 버티고 있는 것은 역기능을 하는 상대가 존재하기 때문이다.

선악善惡은 인간의 시점에서 보는 판단이지 절대적 시점에서는 좋고 나쁨이 따로 있지 않다.

부수고 열기

비유比喩도 하나의 깨침이어서
때로는 어둠을 부수기도 하고

시詩도 하나의 엶이어서
닫혀 있는 세상을 풀기도 한다.

* 위대한 비유는 논리적인 말로 설명할 수 없는 정황을 풀어내는 웅변이고, 위대한 시는 닫혀 있는 세상을 여는 하나의 계시啓示다.

시詩 바겐세일

이백만 원 들여 여행을 하고

시詩 다섯 편 얻었으니

한 편에 원가가 40만 원이다

세일이다!
누구 살 사람 없나?

* 99년 여름 아내와 함께 모처럼 여행을 했다.
밴쿠버에서 토론토까지 일주일 동안 거대한 대륙을 횡단했다.
그리고 얻은 건 팔리지 않는 다섯 편의 시밖에 없다.

등교

오토바이를
타고 갑니다

매미처럼
아빠 등에 달라붙어서

자동차 버스보다
더 신나게

학교 담장을
돌아듭니다.

* 한 여학생이 아빠의 등에 꼭 달라붙어 오토바이를 타고 등교를 한다.

세단도 자동차도 다 제치고 신명나게 학교의 담장을 돌아 들어간다.

천둥

천국의

문을

여닫는

소리

* 번개가 하늘을 쪼갰다 닫은 뒤 이윽고 천둥소리가 들린다.
승천한 자를 맞는 축포인가? 참 요란도 하다.

백의민족

흰옷을 즐겨 입은 것은

가난 때문이 아니라

행동을 삼가도록

더러움을 멀리하도록

* 우리 민족이 백의를 즐겨 입었던 데는 근신과 근면의 뜻이 있었던 것 같다.

흰옷을 입고 어찌 진흙구렁에 들 수 있으며, 어찌 자주 세탁해 입지 않을 수 있겠는가.

시론詩論

거칠기보다는
부드럽게

차갑기보다는
따스하게

따분하지 않고
재미있게

아름답고 또한
뭉클하게

* 시는 가난한 영혼들을 어루만지는 위안이어야 한다.

정치

정의는
지배자의 통치수단이요

법률은
권력자의 보호막이다

우중을 잠재우는
민주주의여

세상은 언제나
힘이 다스린다

* 이 지상에 민주주의는 이상일 뿐 존재하지 않는다.
도대체 민중을 대변하는 정치가가 어디 있단 말인가?
'정의' 라는 것도 '법률' 이라는 것도 늘 힘 있는 자의 편에서만 그 기능을 발휘한다.

처세법 處世法

강자에겐 굴종

약자에겐 군림

자선 금지

연민 금물

* 그야말로 세속적인 처세법이다.
세칭 출세했다는 자들의 속성은 대개 이러하다.

이빨

모기가 사장을 물자

사장이 부장을 물고

부장이 과장을 물자

과장이 사원을 물고

* 에너지 불변의 법칙이라는 것이 있다. 하나의 요인은 결과를 낳고 그 결과는 새로운 요인이 되어 또 다른 결과를 만들어 간다. 마치 물결처럼 끝없이 번져 간다. 세상은 수많은 물결들이 뒤엉킨 그물과도 같다.

금동용봉봉래산향로金銅龍鳳蓬萊山香爐

인간의 욕망은 총칼로
한 왕조王朝의 궁성을 무너뜨리지만

천 년의 세월로도 누르지 못한
영혼의 불꽃은 참 눈도 부셔라

* 금동용봉봉래산향로는 근래에 발견된 백제의 유물이다. 천 년이 넘도록 땅속에 묻혀 있다 다시 지상에 얼굴을 내밀었다. 위대한 예술은 한 왕조의 생명보다 길다.

무명無明

눈을 뜨고도 보지 못한
당달봉사로다

귀를 열고도 듣지 못한
귀머거리로다

삼라만상이 다
경전이요

초목군생이 다
법문이거늘

* 우리들의 감각은 참 무능하다.

겨우 사물의 겉만 핥을 뿐 그 진수에 가 닿지 못하니 안타까운 일이 아닐 수 없다.

유두乳頭

— 이상李箱의 말

천국에

오르는

엘리베이터의

버튼.

* 시인 이상이 어느 술좌석에서 작부의 가슴을 들여다보면서 한 말이라고 문단의 한 선배가 전했다.

의擬「오감도烏瞰圖 · 1」

열세 아이가 도로를 질주하오
달리는 차들이 많아야 적당하오
막힌 도로라도 상관없오
....

* 이상이 지금 「오감도 · 1」을 다시 쓴다면 아마 이렇게 시작했을지도 모른다.

내소사來蘇寺

능가산 솔내음에
저린 속가슴

관음조 맑은 울음
트인 앞이마

목어, 운판, 법고도
다 잠든 한낮

무설당無說堂 빈 댓돌에
하얀 고무신

* 내소사는 전북 부안군 진서면 석포리 능가산 남쪽 기슭에 자리한 고찰이다. 백제 무왕 34년(633)에 창건되었다고 하는데 이전의 이름은 소래사蘇來寺였다고 한다. 당唐의 소정방蘇定方이 석포리에 상륙한 뒤 이 절을 찾아와 시주하였기로 이름을 그렇게 달았다는 속설도 있다. 이 절의 안내장에는 "찾아오는 이 다 소생

케 해 달라"는 뜻이라고 설명하고 있다. 일주문을 들어서면 길좌우로 총총히 들어서 있는 전나무 숲이 장관이고 솔의 향기가 짙게 옷깃에 스며드는 것이 예사롭지 않다. 관음조가 대웅전의 단청을 했다는 전설이 있기도 하다.

제2부

빈자리

병病 · 1

거 뉘신가?

내 육신에 몰래 스며들어
집 짓는 자

내 뼈를 뽑아
서까래를 엮고

내 살을 이겨
벽을 바르나 보다.

* 육신의 아픔으로 잠들지 못하는 밤은 참 길기도 하다.
때로는 대패로 밀고 망치로 못을 치는 것도 같다.

병病 · 2

병은 그대의 육신을 괴롭히지만
그대의 어두운 영혼을 밝힌다

병을 너무 두려워 마라
병은 적이 아니라 스승이다.

* 물론 투병은 괴롭다. 그러나 우리는 병고를 통해 성숙해진다. 생명의 소중함, 이웃들의 따스한 사랑 그리고 지상의 아름다움에 새롭게 눈이 열린다.

우리들의 생애

가을 한나절 햇볕같이

은사시 가지 흔들다 간 바람같이

잠시 끓었다 식은 주전자 속의 맹물같이

풀잎에 매달린 달팽이같이

* 인간의 한평생을 길게 잡아 백 년이라고 해도 덧없기는 마찬가지다.

홍안소년으로 볼이 붉던 때가 어제 같은데 이 무슨 봉두난발蓬頭亂髮이란 말인가.

빈자리

어제
네가 앉았던 저 자리

너 떠남으로 이렇게
아프구나!

* 지상의 모든 소중한 것들 — 그들이 우리 곁에 있을 때 우리는 그 고마움을 모른다. 그가 우리 곁을 떠났을 때 우리는 비로소 그를 뼈저리게 느낀다.

C-Traction

교수목絞首木에 매달린 서부 사나이처럼

기중기에 달라붙은 구겨진 고물처럼

올가미에 목이 묶인 겨울 오소리처럼

낚시 바늘에 입이 꿰인 망둥이처럼

* 목 디스크라는 것은 경추頸椎(목뼈) 사이에 있는 연골이 눌려 그 속의 신경들이 괴로워하는 병이라고 한다. 치료법은 경추 사이를 띄어 주는 것이다. 그래서 목에다 끈을 매달고 늘인다. 바로 이 물리치료법이 트랙션이다. 14킬로그램의 힘으로 목을 끌어올렸다가 30초 동안 지속한 다음 5초 쉬고 다시 30초 동안 끌어올리는 동작을 되풀이한다. 그 기구에 매달려 있는 기분은 참 묘하다.

길상사 느티나무의 말

어제는
거문고 가락이더니

오늘은
웬 목탁 소리인고?

* 성북동 골짝에 '길상사吉祥寺'라는 절이 새로 세워졌다. 유명한 요정 '대원각大元閣'이 있던 자리다. 그 집의 여주인이 어느 스님에게 바친 것을 절로 바꾸어 놓은 것이다. 경내에 수백 년 묵은 아름드리 느티나무들이 즐비히 서 있는데 그들의 몸통엔 몇 십 년 들어온 거문고 가락이 스며 있을 것만 같다.

잣나무 가지치기

너무 번거로워

가지를 자른다.

한 가지 두 가지 치다

이내 몸통도 자른다.

* 고승들이 떠나고 난 뒤의 자리는 늘 비어 있다.
남아 있는 것이라고는 겨우 누더기 의발衣鉢에 지나지 않는다.
그들은 자신의 몸뚱이에서 돋아나는 욕망의 가지들을 평생 자르면서 살아온 이들이다.

월인月印

도동道洞*의 바닷가 적벽

만월은 떠 창해에 찍히고

소라 껍데기에 술을 퍼

밤새워 파도를 마신다

* 도동은 울릉도에 있는 한 포구의 이름이다.

해변의 순교자들

내장도 눈깔도 다 빼앗기고

바람과 햇볕에 몸을 내맡긴

일사불란한 저 순백의 순교

덕장에 매달린 오징어 떼

* 덕장에 매달린 수만 마리의 오징어 떼들이 우리를 슬프게 한다.
인간들이 저지른 이 만행의 업보를 장차 어찌한단 말인가.

청분淸分

벌은 꿀을 찾고

파리는 똥을 찾는다

파리를 불러 모으려고

꿀을 구리게 만들 수야

* 선비는 남의 이목을 좇아 행동을 꾸미지 않는다.
하물며 어찌 속된 무리들의 구미에 따라 글을 짓겠는가.

장강은 나를 보고

장강長江은 나를 보고 유유히 살라 하고
창해蒼海는 나를 보고 광활히 살라 하네
부귀도 벗어 놓고 영화도 벗어 놓고
학처럼 구름처럼 살다가 가라 하네

* 고려의 선사 나옹懶翁의 "청산靑山은 나를 보고 말없이 살라 하고/ 창공蒼空은 나를 보고 티없이 살라 하네/ 탐욕도 벗어 놓고 성냄도 벗어 놓고/ 물같이 바람같이 살다가 가라 하네"라는 노래의 화답가和答歌다.

우리 속 원숭이의 말

구경하는 사람들아,

내 눈에는
그대들이 갇힌 몸

다만 그대들의 우리가

내 것보다 좀 클 뿐

* 우리 안에 갇혀 있는 원숭이가 구경하고 있는 사람들을 향해 하는 말이다. 원숭이의 처지에서 보면 우리 밖이 사람을 가두고 있는 우리 속이 된다. 사실 따지고 보면 인간들이야말로 보이지 않는 많은 우리 속에 갇혀 살아가고 있지 않는가?

빨리빨리

빨리 빨리요?
네, 급하면 앞서 가시지요

어서 어서요?
네, 급하면 먼저 드시지요

바삐 바삐요?
네, 급하면 서둘러 하시지요

느림보 나는
그대 뒤에 천천히 따라갈 테니

* 세상은 눈코 뜰 새 없이 너무 바삐 돌아간다.
남보다 앞서 가려고 아귀다툼들이다.
이러다간 저승도 먼저 가겠다고 다투지나 않을지 모를 일이다.

산굼부리

수십만 평의 산비탈에

억새꽃 물결이 아득하다

제주에서는 푸나무들도

바다의 흉내를 내나 보다

* 산굼부리는 산머리에 깊숙한 큰 구멍이 있는 제주의 한 오름이다. 가을이면 넓은 산비탈이 온통 억새꽃으로 뒤덮이는데, 참 장관이다. 지상의 흰 파도다.

제3부

능소화

지푸라기

낟알을 다 뜯기고
만신창이로

들판에 버려진 지푸라기,
그러나

새의 부리에 물리면
보금자리가 되고

농부의 손에 잡히면
새끼줄이 된다

* 사물은 잡히는 손에 따라 의미가 살아난다.
도척盜跖의 손에 잡혀 도적이 되기도 하고,
명군名君의 손에 잡혀 재상이 되기도 한다.

춘설春雪

춘설헌春雪軒 주인은 어디를 가고

춘설헌 빈집엔 바람만 가득

입춘절立春節 무등산 저녁 차밭엔

춘설차春雪茶만 춘설 속에 떨고 있어요

* 춘설헌은 무등산 증심사證心寺 계곡 삼나무 숲 속에 자리한 20여 평의 고옥古屋이다. 남화南畵의 거장 의재毅齋 허백련許百鍊(1891~1977) 옹翁이 56세 이후 30년 가까이 이곳에 살면서 서화와 다도茶道를 즐기던 곳인데 지금은 빈집으로 쓸쓸히 남아 있다.

무등無等 계곡

무등산 증심사 깊은 골짝엔

니나노 대폿집만 가득 들어차

목탁 소리 염불 소린 들리지 않고

술 냄새 분 냄새만 이글거립니다.

* 증심사는 무등산 깊은 골짝에 자리한 고찰古刹인데 등산객들이 붐비는 바람에 술집과 음식점들이 절의 코앞까지 점령해 들어왔다.

쟁이

윤도輪圖는
옛 지관地官들이 사랑하던 나침반이다

이제는 아무도 찾는 이 없는데

아직도 그것 만드는 데
매달려 있는 노인이 있다

오동에 닿는 인둣불이 푸르다

* 자기만의 일에 열중한 사람을 보면 아름답다.
그것이 세상에서 별로 알아주지 않는 쓸모없는 일일 때 더더욱 그렇다.
거기에는 아무런 욕심도 깃들어 있지 않기 때문이다.

어옹漁翁

소양강 깊은 두메산골이다

산과 물에서 한평생 사는 노인

섣달에도 그가 얼음을 깨면

쏘가리가 배꼽을 내밀고 나온다

* 달인은 어느 한 분야에 통달한 사람을 이른다.
그러나 그것은 욕심만으로 성취되는 경지가 아니다.
사물에 대한 지극한 사랑이 그를 그렇게 만든다.

청소년 벤처기업

열예닐곱 살짜리 애송이 몇이

학교를 그만두고 회사를 차렸다

방 한 칸에 오직 컴퓨터 몇 대

매출액이 월 5만 불이다

* 요즈음은 10대들이 사업을 벌이기도 한다.
한창 놀 나이에 안타깝기는 하지만 어찌하겠는가,
나라가 넉넉하질 못하니— 성공하기를 빈다.

껍질을 버리지 마라

껍질은 몸을 감싼 옷이다

껍질은 살의 울타리요 바리케이드

풍우와 해충의 방어벽이다

과일의 껍질을 벗겨 땅에 버리는 사람들아!

* 사람들은 오래 입은 옷도 헐면 미련 없이 버린다.
세상의 일도 그와 같아서 과일의 껍질을 벗겨 땅에 버리듯 어제의 은혜를 잊고 오늘의 이득만 좇아 행동한다.

반란을 꿈꾸어라

역사나 가문家門
사라진 과거는 다 상징일 뿐

세상은 너의 반란을 기다리는
아직 유예된 공간이다

* 가문이나 조상의 이름을 팔며 사는 것처럼 처량한 일은 없다.

오죽이나 자신을 내세울 것 없으면 그러겠는가.

한 생애의 의미는 선인이나 조상들을 능가하는 삶에서 이루어진다.

과거의 삶들에 대한 끝없는 반란 — 그것이 그대의 몫이다.

능소화

지가 무슨 화냥년이라고

분홍 속살 다 드러내 놓고

남의 집 담장에 기어올라

한여름을 흔들며 가네.

* 능소화는 요염하다.

브리슬콘 파인

수령 5,000년

겨우 1cm 자라는 데

50~70년이 걸린다는

살아 있는 나무

* 우리나라의 역사를 불려서 반 만 년이라고 하니 이 나무의 수령이 앞선 셈이다.

오래 살겠다고 열심히 운동하는 사람들아, 뛰는 것이 결코 장수의 비결이 아니다.

無亦無無　없다, 없음도 또한 없다

身無身無無　몸도 없고 몸 없음도 또한 없고
心無心無無　마음도 없고 마음 없음도 또한 없고
佛無佛無無　부처도 없고 부처 없음도 또한 없고
法無法無無　불법도 없고 불법 없음도 또한 없고.

* 2001년 12월 31일 혜암慧菴 스님이 입적하면서 다음과 같은 임종게臨終偈를 남겨 놓았다고 전한다. 이 시에 화답하여 적어본 것이다.

별

지상의 영혼들이

뚫고 올라간 구멍

저 찬란한

천기누설天機漏泄들

* 어떤 시인은 별을 "천사들의 나체가 들여다보이는 작은 구멍"이라고 했다던가?

눈

저 분분한

하얀 소식들

구름 위의

옥매화玉梅花 밭

* 바람에 흩날리는 매화꽃잎을 보면 눈이 연상된다.
또한 펑펑 쏟아지는 눈은 떨어지는 꽃잎을 떠올리게 한다.

철새

하늘에 오르면
날개로 바람을 갈라 몸을 띄우고

호수에 내리면
발로 삿대를 지어 수면을 간[耕]다

* 인간은 겨우 지상에서만 어정대지만 물새들은 천공과 수국에서도 자유롭다.

썰물

달이 바다를 끌어
물의 옷을 벗기자

늙은 여인의 허벅지처럼 드러난

뭍의 속살—
저 처참한 검은 갯벌

몇 억만 년 파도에 얻어맞은……

* 갯벌은 파도에 얻어맞은 멍든 흙들의 형장이다.

법공法空

법공은
신라 23대 법흥왕法興王의 법명

그는 백성들로 하여금
불법을 믿게 하고

몸소 왕위를 버리고
흥륜사興輪寺에 들었다

왕비도 비구니가 되어
영흥사永興寺에 들었다

* 권력의 자리에 있는 사람이 그 자리를 스스로 포기하는 일은 극히 드물다.

하물며 용포龍袍를 가사袈裟로 바꾸어 입은 왕이야말로 성인聖人이 아닐 수 없다.

따뜻한 감옥

육신肉身은 감옥이다

우리들의 영혼이 이 땅에 태어날 때

육신의 집을 빌려 온다

등에 집을 지고 살아가는 달팽이처럼

* 육신은 영혼을 가두어 놓은 집이다.

그러나 육신을 통해 영혼은 길들여지고 천국으로 비상할 수 있는 날개를 얻을는지 모른다.

도호근

강원도 횡성군 어느 장수長壽 마을에
24년 동안 이장里長을 지내는 이다

그러나 아무도 불평하지 않는다
그는 마을의 손발이기 때문이다

* 가장 현명한 관리는 백성들의 머리가 아니라 그들의 손발이 되는 사람이다.

산딸나무꽃

네 개의 꽃잎은 나비의 날개다
푸른 가지 끝에 매달린 꽃들은
수만 마리 흰나비의 형상이다
거센 바람에도 허공에 솟지 않는

* 6월 초쯤 한창 녹음이 짙어질 무렵 산에 오르면 마치 초록의 잎새 위에 눈을 이고 있는 것처럼 은백으로 반짝이는 나무를 볼 수 있다. 산딸나무의 꽃이다. 흰 것은 꽃잎이 아니라 꽃받침이 그렇게 변한 것이라고 한다.

가연佳緣

한 떨기
민들레꽃이여

참
눈물겹기도 하다

이 광활한 우주의
강기슭에서

문득 이 아침
너를 만나다니

* 이 세상에 우리가 만난 것들 중 기적 아닌 것이 없다.
모든 만남은 절대 유일한 것이다.
동일한 시간과 공간에서 어떠한 만남도 중복되지 않는다.

제4부
기행시편

선운사禪雲寺 시편

미당조未堂調

선운사 동백밭에 동백 보러 갔더니

막걸릿집 주모들은 보이지 않고

육자배기 가락들만 꽃가지에 걸려

목이 찢어지도록 피었습니다.

* 선운사 입구에 가면 미당의 시비 「선운사 동구」가 서 있다. “선운사 고랑으로/ 선운사 동백꽃을 보러 갔더니/ 동백꽃은 아직 일러 피지 않았고/ 막걸릿집 여자의 육자배기 가락에/ 작년 것만 오히려 남았습니다./ 그것도 목이 쉬어 남았습니다.”

봄바람

선운사 봄 절엔 스님도 없고

절밭에 아낙들만 떼로 앉아서

상사화 꽃모종은 건성으로 하고

꽃 피면 저 아자씨 다시 보자고

* 4월 초에 선운사를 찾았더니 산은 온통 붉은 동백으로 둘렀는데 절 입구의 빈터에 수건을 쓴 아낙들 십여 명이 일을 하고 있다. 무엇을 하고 있느냐고 물으니 '무릇꽃'(상사화)을 심는다고 했다. 동행한 인평仁平이 한마디 수작을 붙이니 깔깔거리고 웃는다.

미당 시문학관

질마재 마을에 찾아갔더니
미당이 돌아와 쉬고 있데요
한평생 떠돌던 신발들 지고
산천이 휘도록 누워 있데요

* 선운리 질마재 마을에 '미당 시문학관' 이 덩그렇게 세워져 있다. 규모는 적지 않는데 콘크리트 건물이 어쩐지 정감이 안 간다.

사미四味

구시포 갯진달래
주꾸미회

금산사 매화 그늘
전주비빔밥

예산 추사 백송
우렁된장국

선운사 붉은 동백
풍천장어구이

* 봄바람이 나서 우이동 시인들 몇이 며칠 떠돌아다녔다.

유럽 시편

2002년 4월 28일부터 5월 7일까지
아내와 함께 유럽의 몇 나라들을 돌아보았다.

서양

돌[石]과

밀[小麥]과

성당聖堂

그리고 팁tip 들의 영토

* 동양은 목제木製의 문화, 서양은 석조石造의 문화에 기운 것 같다. 서양의 오래된 문화유산들은 대개 돌로 이루어졌다. 또한 동양의 음식 문화가 쌀 중심이라면 서양은 밀 중심이다. 그들의 피는 밥이 아니라 빵이 만들었다. 그리고 유儒·불佛·선仙 혹은 샤머니즘 등의 다양한 종교들이 공존하고 있는 동양과는 달리 그들은 철저히 기독교에 예속되어 있다. 호텔에서, 식당에서, 그리고 차를 타고도 정가 외에 팁을 지불해야 한다. 가장 합리적인 사회에서의 이 불합리— 그들의 팁 문화는 과거 귀족들이 노예를 부리던 관습의 유물인가?

양귀비꽃

로마 근교의 이른 아침
개의 고삐에 매달린 소년과 소녀
푸른 초원 위에서 입술이 뜨겁다
양귀비꽃들이 벌 떼처럼 잉잉거린—

* 로마 사람들은 개를 좋아하나 보다. 늑대의 후손이라 그런 것일까.

이른 아침 초원의 야생 양귀비꽃들이 사랑보다 더욱 싱그럽게 붉다.

루체른

장미의 붉은 5월이 와도

겨울의 굳은 이빨이 산의 이마에 박혀 있다

은사銀絲의 폭포들이 고드름처럼 매달려 있는

알프스 계곡의 푸른 마을

* 스위스 루체른 인근의 알프스 계곡 산장에서 하룻밤 묵었다. 아침에 일어나 테라스의 창문을 열었더니 눈 녹은 물의 폭포들이 마치 처마 끝에 매달린 고드름처럼 비탈진 산록에 걸려 있다.

미라

저 유리 관 속에 갇힌

수천 년 전 이집트의 어느 왕자

전리품으로 대영박물관에 끌려온

유예된 검은 주검

* 생명이 다한 육신은 사라지는 것이 축복이다. 사라진다는 것은 소멸이 아니라 우주 속에 스며 세계와 한 몸이 되는 것이다. 그것을 물리적으로 신속히 실현시키는 것이 화장火葬이다. 그런데 미라는 무엇인가. 되돌아가는 것을 억제시키는 것이니 얼마나 괴롭고 답답한 유폐인가.

콜로세움

무너진 돌계단에 앉아
아이스크림을 먹는다

빙과氷菓의 남은 껍데기처럼
스산한 천 년의 무거운 폐허

* 저 거대한 돌멩이들을 쌓아 올리느라 얼마나 많은 노예들이 피땀을 흘렸겠는가. 수천 년의 풍우도 이들을 아직 다 헐지 못하는 것은 아마 그 속에 스며 있는 원혼들 때문인지도 모른다.

미켈란젤로

바티칸 박물관을 받치고 있는 것은

아름드리 거대한 석조 기둥들이 아니라

수천 명의 사제司祭들이 아니라

한 사람의 위대한 예술가의 손이다

* 바티칸 박물관에서 가장 사랑받는 예술품은 미켈란젤로의 명화 「천지창조」와 「최후의 심판」이다. 이 그림들이 그려져 있는 성당에 가면 전 세계에서 몰려온 관람객들이 그야말로 입추의 여지 없이 운집해 있다.

폼페이의 신전

만신창이의 신전 돌기둥 곁에
피어난 오랑캐꽃이 아프다

그날의 신들은 어디로 갔기에
이 땅을 잿더미 속에 묻었던가

* 폼페이에는 제우스, 아폴로, 아우구스타, 라리, 베스파시아누스 등 수많은 신전들의 잔해가 남아 있다. 서기 79년 8월 24일 베수비오 화산이 폭발하여 한 도시를 죽음의 재 속에 파묻었을 때 도대체 그들의 신은 어디서 무엇을 했단 말인가.

스위저란드

불모의 산악 지대

얼음의 알프스, 그곳에

초원의 낙원을 세운

위대한 산사람들

* 알프스는 얼음에 싸인 가파른 산이다. 스위스는 그 알프스에 세워진 산의 나라다. 이탈리아, 프랑스, 독일, 오스트리아 등 주변의 열강들도 별로 관심을 두지 않던 불모의 땅이다. 그런데 스위스 사람들은 그 산악 지대에 초원을 만들어 양을 기르고, 공장을 세워 세계 제일의 복지국가를 건설해 냈다. 삼천리 금수강산을 갖고도 여유롭게 살지 못한 우리들이 참 부끄럽기만 하다.

융프라우

융프라우*면 젊은 여인 아닌가?

그러나 내가 본 그녀는

성난 사자였다

5월의 눈보라를 휘두르는

* 융푸라우Jung frau는 독일어로 '젊은 여인' 이다.

* 산악 등반열차를 타고 융프라우를 오르는데 세상이 온통 눈보라에 묻혀 있다.

산 밑은 백화만발한 5월의 봄인데 산 위는 아직도 겨울의 신이 다스리고 있다.

베네치아

곤돌라가

밀고 가는

물 위의

도시

* 베니스는 수국水國이다. 적들에 쫓겨 물 위로 도망쳐 가 만들었다는 피난의 도시. 그 도시 사람들이 지중해의 상권을 쥐고 있다.

인니印泥 시편

2002년 6월 27일부터 7월 10일까지
아내와 함께 자카르타에 살고 있던 장녀
강우원진姜宇源眞을 방문하고 그 인근을 둘러보았다.

자카르타JAKARTA의 새벽

요란스런 계명성

무슬림의 아우성

쫑쫑거린 열대조

붕붕거린 자동차

* 자카르타는 새벽부터 소란하다. 닭들이 홰를 치며 우는 소리에 이어, 4시가 되면 곳곳의 모스크—이슬람 사원들에서 예배 보는 소리가 확성기를 통해 요란하게 울려 퍼진다. 그러고는 뭇 열대조들이 깨어나고 차들이 움직이는 소리가 이어진다.

황색 캄보자KAMBOJA

꽃술을 잃어버린

(무정란처럼 슬픈)

다섯 꽃잎이 그윽한

거웃이 없는 맑은 여인

* 캄보자의 잎새는 고무나무의 것과 같다. 나팔 모양의 오판화五瓣花들이 송이를 지어 피어나는데, 백색, 적색, 황색 등 다양하다. 이상하게 꽃술이 달려 있지 않는 꽃인데 향기가 그윽하다. 특히 황색의 꽃이 아름답다. 여인들의 머리에 꽂혀 사랑을 받기도 한다.

다다프DADAP

앵무새의 붉은 부리처럼
두툼한 한 개의 꽃잎

비운의 삼천 궁녀들처럼
허공에 새긴 진홍의 아픔

* '다다프' 하면 마치 새의 두터운 부리가 부딪는 소리처럼 들린다. 인니印泥의 길가에서 흔히 볼 수 있는 일판화一瓣花의 꽃이다. 잎은 라일락과 흡사한데 꽃은 마치 등꽃 송이처럼 매달려 차례로 하나씩 피어났다 진다.

두리안DURIAN

어리석은 자의 코에는
똥처럼 구린

맑은 이의 혀에는
꿀보다 감미로운

아무의 입에나
그 몸을 허락지 않는

그대 지조의 과일,
백과百果의 성군

* 두리안은 어린애의 머리통만한 과일인데, 표피에 뾰족뾰족한 돌기들이 무수히 돋아 있는 것이 마치 멍게 같다. 게다가 구린 냄새를 풍겨 사람들의 접근을 막는 적의에 찬 과일이다. 껍질을 벗기면 뇌수 같은 연백의 알맹이가 나오는데 그 맛이 참 신비롭다. 인니 사람들이 과일의 황제라고 부른다.

킨타마니KINTAMANI

철책에 싸인 요새의 성곽

성문엔 제복의 경비원들

현관과 엘리베이터에도

감시의 눈들이 매달려 있다

* 킨타마니는 자카르타에 있는 한 아파트의 이름. 거대한 정원에 넓은 수영장, 정구장 등이 잘 갖추어진 고급 아파트인데 경계가 삼엄하다. 한국인들이 많이 살고 있다. 외국인들은 자주 현지인들의 습격의 대상이 되므로 차를 타고 외출할 때도 차 문을 잠그지 않으면 위험하다고 한다.

카카KAKA

거짓말도,
훔치기도,
이력이 나 있는

스무 살의 우수 어린
작은 무슬림의 여인

* 카카는 인니어로 '언니'라는 뜻이라고 한다. 여섯 살짜리 내 외손녀 황혜黃蕙가 가정부를 부르는 호칭이다. 스물이나 됐을까, 150센터미터쯤의 작은 키에 우수 어린 눈을 한 갈색 원주민의 소녀다. 한 달에 30만 루피아(한화 약 5만 원)의 월급을 받는다. 웬만한 한국인들은 다 한둘의 가정부와 운전수를 고용하고 산다. 가난한 원주민들은 물건에 대한 소유 개념이 박약하다. 남의 물건을 훔치고도 별로 죄의식을 느끼지 않는다. 상대방이 항의하면 다시 돌려주면 그만이라는 생각이다.

보로부두르BOROBUDUR

인간들이 세운 어떠한 마천루도
대자연 앞에선 바다의 한 좁쌀
천 년을 공들여 쌓은 거대한 석탑도
하루아침 화산의 재 속에 묻히거늘

* 보로부두르는 족자카르타의 교외에 자리한 거대한 불교 석탑이다. 서기 7~8세기에 건립된 것으로 사방 124미터의 기단 위에 42미터의 높이로 쌓아올린 웅장한 석조물인데 5층의 석탑 벽면엔 생로병사生老病死와 석가의 일생 및 환생에 관한 방대한 부조가 새겨져 있고 상단에는 72기의 원형 사리탑이 세워져 있다. 화산 메라피Merapi(2970m)의 폭발로 10세기쯤에 묻힌 것으로 추측되며 18세기에 발굴되어 세상에 다시 드러나 유네스코가 세계문화유산으로 지정했다. 세계 8대 불가사의 유적 중 하나다.

프람바난PRAMBANAN

왕대의 죽순들처럼 돋아난

검은 석영으로 솟구쳐 오른

신들은 이미 다 떠나가 버린

하늘을 찌르는 돌의 신전

* 프람바난Prambanan은 족자카르타 인근에 자리한 거대한 힌두 석탑사원이다. 서기 8~9세기에 축조된 것으로 가장 웅장한 시바의 탑은 너비 34미터 높이 47미터에 이른다. 이에 버금가는 수십 기의 탑들이 주변에 산재해 있다. 10세기 이후 여러 차례의 지진으로 파괴된 것을 근래에 와서 복원했지만 아직도 복원 불가능한 많은 석탑의 잔해들이 주위에 널려 있다.

벤자민BENJAMIN

허공으로 뿌리를 내리는 나무
드리워진 밧줄처럼 출렁거린다

뿌리가 땅에 닿아 자리를 잡으면
새 몸통이 되어 가지를 뻗는다

* 벤자민이라는 나무는 가지에서 무수한 뿌리가 돋아난다.
밧줄처럼 치렁치렁 지상에 드리워져 있는 모습이 장관이다.
그 뿌리들이 땅에 닿아 자리를 잡으면 새 몸통으로 성장을 한다.

울루와투ULUWATU

천인절벽 위의 힌두 사원
원숭이들의 왕국이다

바다의 날개 끝에
매달려 있다

* 울루와투는 망망한 인도양의 절벽 위에 세워진 작은 힌두 사원이다.

경내에 수백 마리의 원숭이들이 무리를 지어 살고 있다.

아마 제단의 음식들을 먹으며 모여 산 것 같다.

관광객들의 안경, 모자, 핸드백 등 소지품을 훔쳐 도망치는 일이 자주 있다.

제5부

늦은 위로

늦은 위로

세상이 외면하는
두 부류가 있다

하나는 천치고
다른 하나는 천재다

전자는
세상을 못 따라가기 때문이고

후자는
세상이 못 따라가기 때문이다

* 세상과 궁합이 맞지 않는 것은 바보나 천재나 다를 것이 없다.
아직 세상이 그대를 몰라 준다고? 바보가 아니라면 그대는 천재다.

나를 망친 여자

나로 하여금 이 망망한 세상의 짐을 지게 하고

내 생애의 일거수일투족에 평생 매달려 감시타가

이승을 떠나서도 내 멱살을 잡고 놓아주지 않는

나를 망친 한 여자, 아, 그립고 그리운 어머니여

* 작취미성의 몇 시인들이 이른 아침 우이동 골짝의 한 해장국 집에서 해장을 한다. 따끈한 술국으로 장을 달랜 다음 다시 소주 잔을 기울이면서 누군가 중얼거린다. "한 잔 술이 하루를 망치고, 한 여인이 일생을 망친다"고……. 그 여인이 누구일까? 각자 생각다가 눈시울을 붉히면서 떠나간 어머니들에 목이 멘다.

춘분

참 맛없고 맛없도다

이른 봄 밤 거친 술잔이여!

집을 떠나 홀로

고희古稀를 바라보는—

* 봄엔 입맛이 없다. 좋아하는 매실주도 나이가 드니 옛날과 같지 않다. 서글픈 일이다.

소일消日

저 늙은이

연속극에 빠져 있다고
비웃지 마라,

이보다 더
나를 즐겁게 한 것도

세상에 드물거늘

* 저녁을 먹고 매실주 한잔 걸친 다음, 텔레비전의 연속 드라마에 눈을 돌리는 것도 여간 즐겁지 않다.

세상에 저토록 흥미진진한 얘기를 만들어 갈 수 있다니 타고난 재주다.

산을 그리며

생각하지 않으리
하루 종일

삽을 들고
땅이나 파리

육신이 지쳐
허기가 들면

도토리에
막걸리 한 사발

* 우리를 괴롭히는 것은 쓸데없는 생각들 때문이다.

산속에 들어 땅이나 파고 지내면 비록 육신은 힘들지라도 마음은 화평하리라.

치아

생애를 양분하는 분수령은

갱년기가 아니라 틀니[義齒]다

아직 이빨이 튼튼한 자들이여,

그대들이 인생을 어찌 알리.

* 예로부터 이를 오복의 하나로 쳤다.
씹어 먹는 것이 삶의 큰 재미인데 고기를 보고도 물러선다면 이 얼마나 쓸쓸한 일이냐.

최후의 목적지

흐르는 개울물은
불평하지 않는다

마침내 다 모인 곳은
바다이지 않던가?

* 모든 물이 결국 바다에 이른 것처럼 모든 인간의 종말도 하나다.
그런데 사람들은 흘러가면서 참 불평불만도 많다.

시가 뭐냐고?

우리가 꿈꾸는 것들에 대한
찬양이며

우리가 미워하는 것들에 대한
설득이다

* 시는 그렇게 되었으면 하고 바라는 것들에 대한 기록이며, 잘못된 것들에 대한 비판이다.

방랑자의 아침

나를 위해 해가 돋고

나를 위해 산하가 푸르고

나를 위해 만물이 싱그럽도다

나를 위해 세워진 눈부신 제국이여!

* 세상은 그대를 위해 마련된 그대의 영토다.
현명한 사람은 거기에 얽매이지 않고 방랑자의 호연지기를 즐긴다.

장송곡

드디어 그대는

달려가 박힌다

저 광활한 우주의

혈관 속에

* 죽음이란 무엇인가?

이 몸을 빚어낸 우주의 공간 속으로 다시 흩어져 돌아가는 환원이다.

나무의 고행

삼복三伏에 성장盛裝하고

삼동三冬에 벌거벗은

장립불와長立不臥

평생부동平生不動

* 어느 고행승도 한 그루 나무의 수행을 따를 수 없다.

비상飛上

높이 나는 새를
부러워 마라

결국 그가 깃들일 곳은
지상의 숲이다.

* 세상에 군림하는 왕후장상들도 다 보통사람들과 함께 지상에 묻힌다.

추락墜落

너무 높이
날아오르지 마라

추락의 아픔을
견디기 어려우리

* 세상이 우러러보는 출세가 반드시 좋은 것은 아니다. 언젠가는 추락의 고통을 맛볼 것이므로.

설경雪景

문을 열자

단도직입單刀直入이다

정월

아침 산

* 눈 덮인 아침 산은 칼처럼 다가선다.

단풍

수런수런

만산萬山에

번지는

홍역紅疫

* 날로 붉어 가는 가을 산을 보고 있노라면 간지럽다. 아이의 고운 피부에 돋아난 발진 같다.

열등 인간

배우지 않아도
암탉은 알을 잘 낳고

가르치지 않아도
까치는 보금자리 잘 튼다

조산원에 누워 있는
만삭의 여인들아

청약에 또 낙방한
무주택 서민들아

* 인간이 만물의 영장이라고?

제 새끼도 제 힘으로 못 낳고 제 집도 제 손으로 못 짓는 생물은 오직 인간뿐이다.

더듬이

더듬이로 살아가는 개미를 보고
사람들아, 답답하다 비웃지 마라

망원경으로 바라다보는 그대의 눈도
우주의 다락에서는 겨우 더듬이일 뿐

* 허블 망원경을 만들어 먼 우주공간을 관측한다고 야단들이다. 그러나 광막한 우주에서 내려다보면 인간이 바라보는 거리도 미미하고 미미할 뿐이다.

교육 무용론

일자무식 가난뱅이 박석돌은
여든의 에미를 잃고 석 달을 우는데

대학 출신 유식한 황금녀는
여섯 돌 새끼를 두고 가출을 한다

* 교육의 궁극적인 목적은 인품의 배양에 있다. 그런데 오늘날의 교육은 근본이 크게 잘못된 것 같다.

세상 농사

돌을 던지면 돌을 맞을 것이오
꽃을 바치면 꽃을 받을 것이다

심는 대로 거두는 농부처럼
세상의 밭은 정직하다

* 인과응보라고 한다. 좋은 결과를 기대한다면 선업을 쌓을 일이다.

사랑에 관한 잠언

열등생이 없는 과목은
〈식사〉이고

모두가 우등생인 과목은
〈사랑〉이다

학습이 필요 없으므로

사랑을 과외 받는 자는 없다

* 본능은 참 신비롭다. 가르치지 않아도 다 잘 한다.

인물人物

그제는 노산嶗山에서 노자를 보았고

어제는 곡부曲阜에서 공자를 만났다

오늘 오른 것은 태산泰山이지만

결국 산 끝에서 만난 것은 사람들일 뿐

* 산동성의 노산에는 노자의 사당이 있고 곡부에는 공자의 사당이 있다.

태산의 위도 수많은 인물들의 흔적으로 요란하다.

성인聖人

노산을 보러 만 리의 창해를 넘고

곡부를 보러 또 만 리의 광야를 건넜다

어찌, 기천 년 전에 이미 떠난 노공老孔이

한 선비의 멱살을 잡고 이리 흔든단 말인가?

* 유적을 찾는 여행이란 결국 역사적 인물의 탐방에 지나지 않는다.

능파각凌波閣

개울 위에 다락을 세웠으니 누각樓閣이요

개울 위에 다리를 놓았으니 교량橋梁이요

개울 위에 절문을 얹었으니 산문山門이다

동리산桐裏山 계곡 물 위에 뜬 봉황의 집

* 능파각은 곡성谷城 태안사泰安寺 입구에 세워진 누각.
개울물 위에 세워져서 능파각이란 이름을 갖게 되었다고 한다.

사람들아

사람의 집에 가서 삯일을 하지 말고
산과 들녘에 나가 더운 흙일을 해라

사람을 너희 집 뜰에 기르지 말고
산과 들녘에 곧은 나무나 심을 일이다

* 인재를 기르는 것보다 더 의미 있는 것은 나무를 심는 일이다.
나무는 배반을 모르기 때문이다.

초복

능소화 꽃 웃음에 속지 말라고

꽃가루 눈에 들면 눈이 먼다고

모처럼 찾아온 고운 처제가

뜰 앞의 능소화에 삿대질이네

* 뜰 앞의 능소화가 요염하게 피어 있다.
눈가에 주름살이 돋아난 처제가 이를 보고 샘이 났던가.
능소화 꽃가루를 조심하라고 일러 준다.

빛의 공해

네온의 불빛에 하늘이 죽어
도시의 아이들은 은하수를 모르고

가로등 불빛에 어둠이 죽어
도시의 매미들은 밤에도 울고

* 은하수를 모르는 도시의 아이들이나 어둠을 모르는 도시의 매미들이나 다 불행한 생명들이다.

속도

달팽이가 몸으로
풀잎과 풀잎 사이를 길 때

다람쥐는 발로
나무와 나무 사이를 건너뛰고

물고기는 지느러미로
강물을 거슬러 오르며

새들은 날개로
높은 산등성이를 넘어간다

* 사물은 다 자신의 속도를 지니고 불편 없이 잘 살아간다.
유독 인간만이 욕심을 부려 제 속도를 넘어서려 한다.
자동차를 만들고 비행기를 만들고……
속도를 높이는 것은 어쩌면 종말을 향해 더 빨리 달리는 것인지도 모른다.

시인 임보/林步

본 명 : 姜洪基
1962년 서울대학교 국문과 졸업
1962년 『現代文學』으로 등단
시 집 : 『林步의 詩들 59-74』, 『山房動動』 『木馬日記』, 『은수달 사냥』, 『황소의 뿔』, 『날아가는 은빛 연못』, 『겨울, 하늘소의 춤』, 『구름 위의 다락마을』, 『운주천불』, 『사슴의 머리에 뿔은 왜 달았는가』, 『자연학교』, 『장닭 설법』
논 저 : 『현대시운율구조론』, 『엄살의 시학』
충북대 교수 역임
현재 '우이시회' 활동 중

가시연꽃

지은이 | 임 보
펴낸이 | 설보혜
펴낸곳 | Poetics 시학
1판 1쇄 | 2008년 8월 30일
출판등록 | 2003년 4월 3일
주소 | 서울 종로구 명륜동1가 42
전화 | 744-0110
FAX | 3672-2674

값 8,000원

ISBN 978-89-91914-47-6 03810